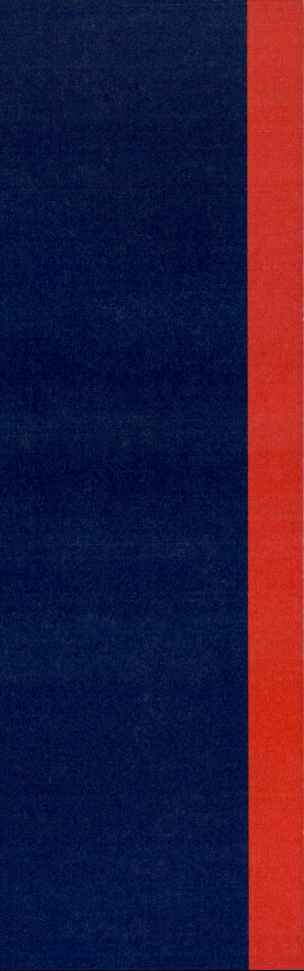

# 江口和明の英国菓子

British Desserts

江口和明

KADOKAWA

はじめに


縁あって、数年前から、イギリスの
東インド会社と仕事をすることになりました。
誰もが歴史の教科書で見たことがある、
あの、東インド会社です。


彼らとのやりとりを通じて
イギリスのお菓子の世界を知り、
とりわけ、彼らの生活に欠かせない
紅茶とお菓子の深いつながりを知るに至りました。
それまで自分の中になかった世界観に
刺激され、感銘を受ける一方で、
自分なら英国菓子をどう作るだろうかと
パティシエならではの好奇心が膨らみます。


イギリスの伝統を尊重しつつ
自分なりのアイディアを加えることで、
もっとおいしく、もっと楽しい
英国菓子の世界を提案してみたい──。


この本は、そんな僕の
「新しい冒険」をまとめた１冊です。
江口和明が生み出す英国菓子の世界を、
どうぞお楽しみください。


江口和明

# CONTENTS

はじめに 6

お菓子を作る前に 11

材料のこと 12

道具のこと 16

型のこと 18

## 大きいお菓子 20

## ヴィクトリアサンドイッチケーキ 22

ヴィクトリアサンドイッチケーキのアレンジ ①
オレンジキャラメル
ヴィクトリアサンドイッチケーキ 26

ヴィクトリアサンドイッチケーキのアレンジ ②
ショートケーキ風
ヴィクトリアサンドイッチケーキ 28

## キャロットケーキ 30

キャロットケーキのアレンジ ①
アップルキャロットケーキ 34

キャロットケーキのアレンジ ②
キャロットマフィン 35

## パイ3種 36

バノフィーパイ 38

アップルパイ 40

レモンメレンゲパイ 42

## プディング3種 44

クイーンオブプディングス 46

サマープディング 48

チョコレートプディング 50

## レモンドリズルケーキ 52

## バッテンバーグケーキ 56

## トリークルタルト 60

## アップルクランブル 64

## ティーローフ 68

## COLUMN 紅茶の話 72

スタンダード 72

ブレンドティー 74

おいしい紅茶のいれ方 76

# 小さいお菓子　78

## スコーン　80

スコーンのアレンジ ①
紅茶とクランベリーのスコーン　84

スコーンのアレンジ ②
チョコチップスコーン　85

## ショートブレッド　86

ショートブレッドのアレンジ ①
ショートケーキ　90

ショートブレッドのアレンジ ②
チョコショートブレッド　91

## フラップジャック　92

## イングリッシュマドレーヌ　96

## ビスケット　100

## メルティングモメント　104

## ジンジャーブレッドビスケット　108

## ロックケーキ　112

COLUMN　ジャム　116

マーマレード　116
いちじくとカシスのジャム　117
アプリコットバニラジャム　118
りんごと紅茶のジェリー　119

## トライフルと
## イートンメス　120

## トライフル　122

トライフルのアレンジ ①
チェリーとチョコレートのトライフル　124

トライフルのアレンジ ②
いちじくと洋梨のトライフル　126

## イートンメス　128

イートンメスのアレンジ ①
オレンジとクローブのイートンメス　130

イートンメスのアレンジ ②
ルバーブとラベンダーのイートンメス　131

## 僕が考えた
## 新しい英国菓子　132

## エリザベストライフル　134

## ロイヤルケーキ　138

## お菓子を作る前に

□ 主に使用する材料については P12 ～ 15 で詳しく紹介しています。

□ バター、卵は、基本的には冷蔵室から出して常温に戻してください。

□ チョコレートは製菓用のものを使用してください。また、カカオ分を％で記載しています。

□ 計量は、デジタル計量器で正確に行ってください。

□ 電子レンジの加熱時間は特に表記がないかぎり、600W の場合です。
　機種によって加熱時間が異なる場合がありますので、様子を見ながら加減してください。

□ オーブンは熱源の種類やメーカー、機種によって加熱時間が異なりますので、様子を見ながら加減してください。

□ 型にオーブンペーパーを敷く場合は、作り始める前に敷いておきましょう。
　基本的には、型の底のサイズに合わせてオーブンペーパーを切って敷き、
　側面には型の高さより少し高く切ったオーブンペーパーをぐるりと敷きます。

□ オーブンは扉を開けると温度が下がるため、実際に焼く温度より 10 度高く予熱してください。

□ オーブン内が 2 段の場合は、下段に天板を入れて焼いてください。

□ 焼きたての型など熱いものを扱う場合は、オーブンミトンなどを使ってください。

Staff

デザイン／米持洋介（case）
撮影／ローラン麻奈
スタイリング／久保原惠理
調理アシスタント／大森美穂、浦部美幸（DEL'IMMO）
校正／新居智子　根津桂子
編集協力／本城さつき
編集／藤原民江

お菓子と紅茶の説明にまつわる参考文献

『イギリスお菓子百科』Galettes and Biscuits 安田真理子著（ソーテック社）
『英国菓子 知っておきたい 100 のこと』牟田彩乃著（産業編集センター）
『紅茶の大事典』日本紅茶協会編（成美堂出版）
『増補改訂 イギリス菓子図鑑 お菓子の由来と作り方
伝統からモダンまで、知っておきたい英国菓子 135 選』羽根則子著（誠文堂新光社）
『もっとおいしい紅茶を飲みたい人へ WHAT A WONDERFUL TEA WORLD！』田中 哲著（主婦の友社）

ABOUT INGREDIENTS

# 材料のこと

基本の材料

## 01
—
### 生クリーム

この本で使うのは乳脂肪分35%の動物性クリーム。植物性やホイップクリームでは十分なコクが出ないので、必ず動物性のものを使用して。

## 02
—
### 卵

M〜Lサイズで、1個50〜60gが目安。加熱するとはいえ、なるべく新鮮なものを選びたい。この本では、基本的には常温に戻して使う。

## 03
—
### きび糖

味わいにコクを出したいときに使う。原材料を精製せず煮詰めて作られるため、上白糖より多くのミネラル分を含む。

## 04
—
### 粉糖

グラニュー糖を細かい粉の状態にひいたもの。甘みをつけるだけでなく、お菓子では仕上げのデコレーションに使うことも多い。

## 05
—
### グラニュー糖

お菓子作りに使う砂糖は、基本的にはグラニュー糖。味にクセがなく、結晶が大きくサラサラとしていて溶けやすい。

## 06
—
### バター

お菓子にはたっぷりとバターを使うので、塩分を含まない「食塩不使用」タイプを使うのが基本。この本では、基本的には常温に戻して使う。

## 07
—
### 薄力粉

小麦粉の中でもキメが細かくサラサラとしている。スポンジケーキからクッキーまで、お菓子に広く用いられる。

## 英国菓子に使うもの

### 01

### フルールドセル

大粒の天日塩。少量で味わいのアクセントになり、さらに食材の味も引き立てる。この本ではスコーン、ショートブレッド、フラップジャック、ビスケットなどに使用。

### 02

### ゴールデンシロップ

トリークルタルトに使う、砂糖を作る過程でできるシロップ。コクのある甘みで、イギリスでは昔から親しまれてきた甘味料。パンケーキやワッフルにかけるのが定番。

### 03

### 紅茶葉

飲むだけでなく、お菓子の風味づけにも使う。この本ではティーローフ、りんごと紅茶のジェリー、オレンジとクローブのイートンメスなどに使用。

### 04

### ラズベリージャム

キュッとさわやかな酸味が、甘いお菓子のアクセントになるジャム。この本ではヴィクトリアサンドイッチケーキ、クイーンオブプディングス、イングリッシュマドレーヌなどに使用。

### 05

### ドライクランベリー、レーズン

果実を乾燥させたもの。この本ではティーローフなどに使用。ドライクランベリーの甘酸っぱい風味とレーズンのやさしい甘みが、味わいにメリハリをプラスする。

### 06

### ブラックベリー

味が濃くてほどよい酸味がある。冷凍ものが一年中入手しやすい。この本ではいちじくとカシスのジャムに冷凍を、チェリーとチョコレートのトライフル、ルバーブとラベンダーのイートンメスに生を使用。

| 07 | 08 | 09 |
|---|---|---|
|  |  |  |
| ココナッツファイン | くるみ | オートミール |

ココナッツファイン
ココナッツの実を乾燥させて粗く刻んだもの。ほんのり甘く、食感がいい。この本ではイングリッシュマドレーヌに使用。1cmほどに刻んだココナッツロングは、メルティングモメントに使用。

くるみ
お菓子に香ばしさとコクを加える。この本ではキャロットケーキ3種に使用。素朴なケーキのおいしさを、味わいと食感でさらに引き立てる。製菓用の、食塩・油不使用のものを使う。

オートミール
オーツ麦のもみ殻を除いて加工したもの。この本ではフラップジャックなどに使用。香ばしい風味を添えて、ザクザクした食感を作り出す。

| 10 | 11 |
|---|---|
|  |  |
| スパイス（シナモンパウダー、ナツメグ） | ラベンダーシロップ |

スパイス（シナモンパウダー、ナツメグ）
甘い独特の風味を持つシナモンパウダーと、スパイシーな風味が特徴のナツメグ。この本ではキャロットケーキ3種、ジンジャーブレッドビスケット、ロックケーキに使用。シナモンパウダーはアップルパイ、アップルクランブルにも使用。

ラベンダーシロップ
ラベンダーエキスを使ったシロップで、少量でほんのりやさしい香りが広がる。この本ではルバーブとラベンダーのイートンメスの香りづけに使用。

ABOUT TOOLS

# 道具のこと

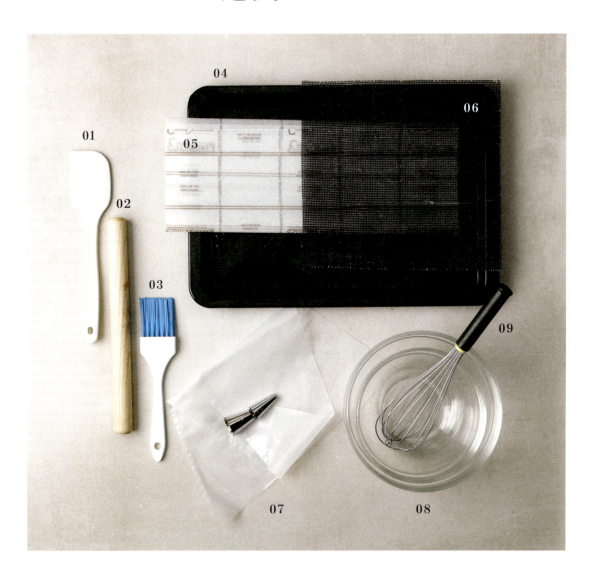

## 01
### ゴムベラ

生地を混ぜるときなどに使う。熱い状態で混ぜることもあるので、シリコーン製で耐熱性のものを用意して。

## 02
### めん棒

長さが30cmほどあると使い勝手がよくて便利。生地を伸ばすときはもちろん、この本では市販のパイ菓子を砕くときにも使用。

## 03
—
### はけ

生地に卵黄を塗るときなどに。シリコーン製で耐熱性のものが、毛の根元まで洗えて清潔に保てるのでおすすめ。

## 04
—
### 天板

オーブンの天板。小さい焼き菓子には、焼きムラをなくすために裏返して使うことが多い。

## 05
—
### オーブンペーパー

生地を焼くときに、ケーキの型やオーブンの天板に敷く。両面にシリコーン加工がされているものは洗って何度も使える。

## 06
—
### シルパン

網目状のグラスファイバーにシリコーン加工をしたベーキングマット。余分な水分や油脂分が落ちてサクッと仕上がる。

## 07
—
### しぼり袋、口金

クリームをしぼるときに使用。しぼり袋はポリエチレン製の使い捨てタイプが使いやすい。口金の形には、丸、星、桜などがある。

## 08
—
### ボウル

耐熱性のガラスボウルを使う。大小2サイズ（左の写真は直径26cm、20cm）が、各2個あると便利。

## 09
—
### 泡立て器

持ち手はゴム製のものが滑りにくく、ワイヤー部分はステンレス製のものがさびにくいのでおすすめ。クリームを泡立てたり、生地を混ぜたりするときに使う。

ABOUT MOLDS

# 型のこと

### 01

ケーキ型（丸）

アルミ製の直径15cmのものが使いやすい。底が取れるタイプが、焼き上がったケーキを取り出しやすくて便利。

### 02

ケーキ型（角）

18×18×高さ5.5cmの角型。内側がフッ素樹脂加工されたものを使用。底が取れるものが使い勝手がよいのでおすすめ。

### 03

パウンド型

7.5×17×高さ6cm。ブリキ製を使用。熱伝導がよい。

### 04

タルト型

直径18cmで縁が波形のもの。アルミ製。底が取れるタイプだと、焼き上がったパイなどを取り出しやすい。

## 05

### マフィン型

22 × 34.3 ×高さ4.5cm、6個用。内側がフッ素樹脂加工されたものが便利。

## 06

### ロールケーキ型

28 × 28 ×高さ2cm。アルミ製がおすすめ。薄い生地を焼くときに使う。この本ではロイヤルケーキに使用。

## 07

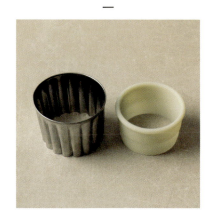

### 菊抜き型、丸抜き型

ステンレス製の菊抜き型は直径6cm、プラスチック製の丸抜き型は直径5cm。ビスケットの抜き型などに使用。

大きいお菓子

# ヴィクトリアサンドイッチケーキ

## VICTORIA SANDWICH CAKE

名前の由来とされるのは、19世紀イギリスの君主、ヴィクトリア女王。
夫のアルバート公が亡くなり、悲しみにくれる女王の心を
このケーキが慰めたことから、彼女の名がついたという説が有名。
スポンジで赤い果実のジャムを挟んだシンプルな作りで、
ティータイムの定番的存在。

### Eguchi's Style

......................................................................

「本来はスポンジ生地を2枚焼いて作るのです
が、より手軽に作れるよう、焼くのは1枚にし
て厚みを半分に切りました。ジャムとバターク
リームをたっぷり挟んで仕上げます」

# ヴィクトリアサンドイッチケーキ

## 材料（直径 15cm の丸型〈底取れ式〉1台分）

スポンジ生地
- 薄力粉 …… 150g
- ベーキングパウダー …… 3g
- バター（食塩不使用）…… 150g
- グラニュー糖 …… 150g
- 卵 …… 3個

バタークリーム
- バター（食塩不使用）…… 50g
- 粉糖 …… 100g

ラズベリージャム …… 50g
粉糖 …… 適量

## 作り方

1　スポンジ生地を作る。薄力粉とベーキングパウダーは一緒に3回ふるう [A]。ボウルにやわらかくしたバターとグラニュー糖を入れ、バターの水分を吸わせながら、なじませるように泡立て器で混ぜる [B]。オーブンを170℃に予熱し始める。

2　1のボウルに卵を割り入れて混ぜる。ふるった粉を加えて [C] 粉っぽさがなくなるまでよく混ぜ（混ぜすぎを恐れないことがポイント）[D]、ゴムベラで混ぜて混ぜ残しをなくす [E]。オーブンペーパーを敷いた型に流し入れ、台に軽く打ちつけて生地を端まで行き渡らせ、表面をゴムベラでならす [F]。天板にのせ、160℃のオーブンで約60分焼き、型をはずして冷ます。

3　バタークリームを作る。やわらかくしたバターに粉糖を加えてゴムベラで混ぜる [G・H]。丸口金をつけたしぼり袋に入れる。

4　2のペーパーを取って、厚みを半分に切る。下のスポンジにジャムを塗り、3をしぼる [I]。上のスポンジを重ね、茶こしで粉糖をふる [J]。

## ヴィクトリアサンドイッチケーキのアレンジ ①

# オレンジキャラメルヴィクトリアサンドイッチケーキ
ORANGE CARAMEL VICTORIA SANDWICH CAKE

材料
（直径15cmの丸型〈底取れ式〉1台分）

ココアスポンジ生地
- 薄力粉 …… 130g
- ベーキングパウダー …… 3g
- ココアパウダー …… 15g
- バター（食塩不使用）…… 150g
- グラニュー糖 …… 150g
- 卵 …… 3個

キャラメルバタークリーム
- グラニュー糖 …… 50g
- 生クリーム（35％）…… 40g
- バター（食塩不使用）…… 90g
- フルールドセル …… 1g

マーマレード …… 50g
粉糖 …… 適量

作り方

1. ヴィクトリサンドイッチアケーキの作り方1〜2（P24）の手順でココアスポンジ生地を作って焼き、型をはずして冷ます。ただし、1では薄力粉、ベーキングパウダー、ココアパウダーを一緒にふるう。

2. キャラメルバタークリームを作る。鍋にグラニュー糖を入れて中火にかけ、混ぜずに鍋をゆすってキャラメルを作り、火を止める。耐熱容器に生クリームを入れてふんわりとラップをかけ、電子レンジで約20秒加熱し、鍋に加える [A]。ゴムベラでよく混ぜて、別の耐熱容器に移す。やわらかくしたバターを少し加えて混ぜ、残りのバターに加え [B]、フルールドセルも加えて混ぜ [C]、冷ます。丸口金をつけたしぼり袋に入れる。

3. 1のペーパーを取って、厚みを半分に切る。下のスポンジにマーマレードを塗り、2をしぼる [D]。上のスポンジを重ね、茶こしで粉糖をふる。

ヴィクトリアサンドイッチケーキのアレンジ ②

# ショートケーキ風ヴィクトリアサンドイッチケーキ
SHORTCAKE STYLE VICTORIA SANDWICH CAKE

### 材料
（直径15cmの丸型〈底取れ式〉1台分）

ヴィクトリアサンドイッチケーキの
　スポンジ生地の材料（P24）…… 全量
生クリーム（35％）…… 100g
グラニュー糖 …… 10g
ラズベリージャム …… 80g
いちご …… 適量

### 作り方

1　ヴィクトリアサンドイッチケーキの作り方1〜2（P24）の手順でスポンジ生地を作って焼き、型をはずして冷ます。

2　1のペーパーを取り、上面を薄く平らに切り取り、厚みを3等分に切る。ボウルに生クリームとグラニュー糖を入れ、ハンドミキサーで角が立つまで泡立てる。

3　スポンジ1枚にジャムの半量を塗り、別のスポンジ1枚を重ねる[A]。残りのジャムを塗り[B]、残りのスポンジを重ねる。2のクリームをゴムベラで上面にぽってりとのせ[C]、いちごを好みの大きさに切ってのせる。

# キャロットケーキ

## CARROT CAKE

イギリスを代表するケーキの1つ。
甘みがあるにんじんは、
現地では古くから製菓材料として使われてきた。
現在のように広まったのは第二次世界大戦中のこと。
物資が不足する中で
砂糖の代わりとしてにんじんが使われ、
キャロットケーキの人気が定着した。

### Eguchi's Style

「仕上げのアイシングは、あえてラフに塗るのが
ポイント。やわらかなままでもおいしいですが、
冷やすとキュッと締まって、また違った味わい
が楽しめます」

# キャロットケーキ

材料（7.5×17× 高さ 6cm のパウンド型 1 台分）

生地
- 薄力粉 …… 100g
- ベーキングパウダー …… 3g
- シナモンパウダー …… 0.5g
- ナツメグ …… 0.5g
- にんじん …… 100g
- くるみ（食塩・油不使用） …… 50g
- バター（食塩不使用） …… 80g
- きび糖 …… 80g
- 卵 …… 2 個
- レーズン …… 30g

チーズアイシング
- クリームチーズ …… 70g
- バター（食塩不使用） …… 15g
- 粉糖 …… 20g

作り方

1  生地を作る。薄力粉、ベーキングパウダー、シナモンパウダー、ナツメグは一緒に 3 回ふるう。にんじんは 30g をせん切りにし、70g はすりおろす [A]。くるみは粗く刻む。ボウルにやわらかくしたバターときび糖を入れ、バターの水分を吸わせながら、なじませるようにゴムベラで混ぜる。オーブンを 180℃に予熱し始める。

2  1 のボウルににんじんのすりおろしを加えて混ぜ [B]、卵を割り入れてさらに混ぜる。ふるった粉を加え、粉っぽさがなくなるまでよく混ぜる。にんじんのせん切り、くるみ、レーズンを加えて [C] 混ぜる。オーブンペーパーを敷いた型に流し入れ、台に軽く打ちつけて生地を端まで行き渡らせ、表面をゴムベラでならす。天板にのせ、170℃のオーブンで約 60 分焼く。型をはずして冷ます [D]。

3  チーズアイシングを作る。ボウルにやわらかくしたクリームチーズとバターを入れ、ゴムベラで混ぜる。粉糖を加えて混ぜる [E]。

4  2 のペーパーを取り、上面に、3 をゴムベラでラフに塗る [F]。

キャロットケーキのアレンジ ①

# アップルキャロットケーキ

APPLE CARROT CAKE

材料
（7.5×17×高さ6cmのパウンド型1台分）

生地
  薄力粉 …… 100g
  ベーキングパウダー …… 3g
  シナモンパウダー …… 0.5g
  ナツメグ …… 0.5g
  にんじん …… 100g
  くるみ（食塩・油不使用）…… 50g
  バター（食塩不使用）…… 80g
  きび糖 …… 80g
  卵 …… 2個
  ドライアップル …… 30g
キャロットケーキのチーズアイシングの
  材料（P32）…… 全量
ドライアップル
  （デコレーション用）…… 20g

## 作り方

1    キャロットケーキの作り方1〜2（P32）の手順で生地を作って焼き、型をはずして冷ます。ただし、レーズンの代わりにドライアップルを粗く刻み、にんじんのせん切り、くるみとともに生地に混ぜる[A]。

2    キャロットケーキの作り方3〜4（P32）の手順で、チーズアイシングを作って塗る。ドライアップルを幅1cmほどに切ってのせる。

## キャロットケーキのアレンジ ②

# キャロットマフィン
CARROT MUFFINS

材料
（22×34.3× 高さ4.5cm、6個用のマフィン型1台分）

生地
　　キャロットケーキの
　　　生地の材料（P32）…… 全量
チーズアイシング
　　クリームチーズ …… 140g
　　バター（食塩不使用）…… 30g
　　粉糖 …… 40g
くるみ（食塩・油不使用、
　デコレーション用）…… 20g

作り方

1　オーブンは190℃に予熱し始める。キャロットケーキの作り方1～2（P32）の手順で生地を作る。ただし、グラシンカップを入れたマフィン型に生地を6等分に流し入れる。天板にのせ、180℃のオーブンで約40分焼き、型からはずして冷ます。

2　キャロットケーキの作り方3（P32）の手順でチーズアイシングを作る。くるみを粗く刻む。丸口金をマフィンに1cmぐらい押し込んで穴を開ける [A]。丸口金をつけたしぼり袋にアイシングを入れ、穴からしぼり入れる [B]。上面にもアイシングをしぼり [C]、くるみに軽く押し当てるようにしてトッピングする [D]。

35

# パイ3種

イギリスで人気のパイ3種。
クリームやフルーツをたっぷりのせて仕上げます。
今回、生地は市販のパイ菓子を使って簡単に作ります。

## バノフィーパイ

### BANOFFEE PIE

———

1972年に、イングランド南部の小さな村にあった「ハングリーモンクレストラン」（2012年に閉店）で生まれたパイ。バナナとトフィー（キャラメルのようなクリーム）に生クリームをのせたまろやかな甘さが人気を博し、イギリスを代表するお菓子の1つになった。

## アップルパイ

### APPLE PIE

———

世界のいろいろな地域で作られているアップルパイ。イギリスでも古くから親しまれているお菓子で、レシピが初めて文献に登場したのは14世紀後半という説も。りんご栽培が盛んなイギリスらしく、りんごそのもののおいしさをストレートに楽しめるお菓子。

## レモンメレンゲパイ

### LEMON MERINGUE PIE

———

レモンカードの上にたっぷりのメレンゲをのせてオーブンで焼くレモンメレンゲパイは、イギリスのティータイムに欠かせないお菓子。19世紀には現在のようなレシピが完成していたともいわれる。メレンゲのやさしい甘みがレモンカードの甘酸っぱさを引き立てる。

# バノフィーパイ

BANOFFEE PIE

Eguchi's Style

「バナナは厚めに切ってゴロゴロ敷き詰めます。泡立てた生クリームはきれいにしぼるのではなく、ゴムベラでのせて素朴な雰囲気に仕上げました」

材料（直径18cmのタルト型〈底取れ式〉1台分）

パイ生地
- バター（食塩不使用）……40g
- パイ菓子（市販品）……120g

トフィー
- バター（食塩不使用）……40g
- きび糖……40g
- 練乳……200g

バナナ……3本
生クリーム（35％）……150g
コーヒー粉……適量

作り方

1 パイ生地を作る。耐熱容器にバターを入れてふんわりとラップをかけ、電子レンジで約10秒加熱して溶かす。様子を見て足りなければ、さらに約10秒加熱する。ファスナーつき保存袋にパイ菓子を入れてめん棒などで砕く[A]。溶かしバターを加え[B]、ファスナーを閉じて袋の上からよくもんで混ぜる。型に敷き詰め、底が平らなコップで押し固める[C]。冷蔵室で約30分冷やし固める。

2 トフィーを作る。鍋にバターときび糖を入れて中火にかけ、ゴムベラで混ぜて溶かす。練乳を加え[D]、混ぜながらとろりとするまで煮て[E]、冷ます。

3 バナナは厚さ1.5cmに切る。1に2を敷き[F]、バナナをのせる[G]。ボウルに生クリームを入れてハンドミキサーで角が立つまで泡立て、バナナの上にゴムベラでぽってりとのせ、スプーンで表面を整える[H]。茶こしでコーヒー粉をふる。

# アップルパイ

## APPLE PIE

### Eguchi's Style

「薄切りりんごのフレッシュな風味と食感、煮たりんごのとろりとした甘さ、パン粉に染み込んだ果汁の甘酸っぱさ。りんごを多面的に味わえるお菓子です。好みのりんごで作ってみてください」

### 材料（直径18cmのタルト型〈底取れ式〉1台分）

パイ生地
- ホワイトチョコレート
  （37％、カットされたもの）…… 80g
- パイ菓子（市販品）…… 120g

フィリング
- りんご（好みの品種）…… 小3個（600g）
- きび糖 …… 50g
- レモン果汁 …… 10g

シロップ
- きび糖 …… 15g
- シナモンパウダー …… 少々
- 水 …… 30g

パン粉 …… 15g

## 作り方

1. パイ生地を作る。耐熱容器にチョコレートを入れてふんわりとラップをかけ、電子レンジで約30秒加熱する。一度取り出して混ぜ、再び約30秒加熱して溶かす。様子を見て足りなければ、もう一度繰り返す。ファスナーつき保存袋にパイ菓子を入れてめん棒などで砕く。チョコレートを加え[A]、ファスナーを閉じて袋の上からよくもんで混ぜる。型に敷き詰め、底が平らなコップで押し固める。冷蔵室で約15分冷やし固める。

2. フィリングを作る。りんごはよく洗い、皮ごと薄切りにする。端や芯の周りは角切りにする。鍋にりんごの角切り、きび糖、レモン果汁を入れて中火にかけ、水分がなくなるまで煮る[B・C]。オーブンを200℃に予熱し始める。

3. シロップを作る。別の鍋にきび糖とシナモンパウダーを入れてゴムベラで混ぜ、水を加える。中火にかけてよく混ぜながら沸騰させ、少しとろみがついたら火を止める。

4. 1にパン粉を敷いて[D]りんごの角切りをのせる。その上にりんごの薄切りをのせて[E・F]、シロップ適量をはけで塗る[G]。天板にのせ、190℃のオーブンで約30分焼き、焼き上がったらすぐ、残りのシロップをもう一度塗る。冷ましてから型をはずし、切り分ける。

# レモンメレンゲパイ

LEMON MERINGUE PIE

Eguchi's Style

・・・・・・・・・・・・・・・・・・・・・・・・・・・・・・・・

「メレンゲは、ゴムベラとスプーンでラフにのせることがポイント。高いところと低いところができて焼き色のつき方が変わり、ニュアンスが出ます」

材料（直径18cmのタルト型〈底取れ式〉1台分）

パイ生地
　┌ ホワイトチョコレート（37％、カットされたもの）…… 60g
　└ パイ菓子（市販品）…… 120g
レモンカード
　┌ 卵 …… 2個
　│ グラニュー糖 …… 90g
　│ レモン果汁 …… 2個分
　└ バター（食塩不使用）…… 150g
メレンゲ
　┌ 卵白 …… 2個分
　└ グラニュー糖 …… 100g

作り方

1 アップルパイの作り方1（P41）の手順でパイ生地を作る。ただし、冷蔵室で冷やす時間は約30分にする。

2 レモンカードを作る。耐熱ボウルに卵を割り入れ、グラニュー糖を入れて泡立て器で混ぜ、レモン果汁を加えて[A]混ぜる。ふんわりとラップをかけて電子レンジで約30秒加熱し、取り出して混ぜる、を7回繰り返す[B]。やわらかくしたバターを加えてよく混ぜ、ゴムベラで混ぜて混ぜ残しをなくす[C]。1に流し入れ[D]、冷蔵室で約30分冷やし固める。オーブンを190℃に予熱し始める。

3 メレンゲを作る。卵白は大きめのボウルに入れ、グラニュー糖を加えてハンドミキサーで角が立つまで泡立てる。2にゴムベラでのせて広げ、スプーンで軽く叩くようにして高低差をつける[E・F]。天板にのせ、180℃のオーブンで約10分焼き、メレンゲに焼き目をつける[G]。冷ましてから型をはずし、切り分ける。

43

# プディング３種

いかにもイギリスというイメージがあるプディング。
味や見た目はいろいろでも、
家で作って食べる素朴なお菓子、という点は共通です。

## クイーンオブプディングス

### QUEEN OF PUDDINGS

———

パン粉を使った生地の上にラズベリー
ジャムを塗り、メレンゲをのせて焼き色
をつけた、イギリスの伝統的なプディン
グ。ジャムの酸味が全体を引き締める。
「クイーン」という名がついた理由は諸
説あるとされるが、みんなに愛される味
が"女王様"らしい。

## サマープディング

### SUMMER PUDDING

———

イギリスの夏を彩るフルーツといえば、
ラズベリーやブルーベリー、赤すぐり、
いちごなどのベリー類。それらをたっぷ
り使ったソースが美しい、夏ならではの
プディングだ。赤い果実が多くて華やか
な一方で、生地に食パンを使っていると
いう親しみやすさがユニーク。

## チョコレートプディング

### CHOCOLATE PUDDING

———

ココアパウダー入りの生地に、チョコ
レートのソースをたっぷりと染み込ませ
るだけというシンプルな作り。チョコ
レート好きな人が多いイギリスらしいプ
ディングといえる。濃厚でビタースイー
トな味わいを、存分に堪能することがで
きる。

# クイーン オブ プディングス

「材料にパン粉？ と意外な気もしますが、これは伝統的なもの。牛乳とバターにパン粉を加えて混ぜると、ミルクがゆのようになります。さらに卵黄だけを加えることで、コクのあるプディングになるんですよ」

材料（直径17×高さ4cmのグラタン皿1個分）

バター（食塩不使用）…… 20g
グラニュー糖 …… 115g
牛乳 …… 400g
パン粉 …… 80g
卵 …… 2個
ラズベリージャム …… 50g

作り方

1　耐熱ボウルにバター、グラニュー糖15g、牛乳を入れてふんわりとラップをかけ、電子レンジで約2分加熱して温める。パン粉を加えて[A]ゴムベラで混ぜ、粗熱をとる。オーブンを180℃に予熱し始める。

2　卵は卵黄と卵白に分ける。卵黄を1のボウルに加え、混ぜる。グラタン皿に流し入れて[B]天板にのせ、170℃のオーブンで約30分焼き、冷ます。

3　2の表面に、縁を1cmほど残してスプーンの背でジャムを塗る[C]。オーブンを190℃に予熱し始める。

4　卵白にグラニュー糖100gを加え、ハンドミキサーで泡立てて角が立つくらいのメレンゲを作る。桜口金をつけたしぼり袋に入れ、円を描きながらプディングの外側から内側へしぼる[D]。天板にのせ、180℃のオーブンで約10分焼く。

# サマープディング

## SUMMER PUDDING

### Eguchi's Style

...................................................................

「紅茶だけでなくハーブティーに合わせてもおいしいお菓子。ベリー類は日本では入手しにくいものもあるので、冷凍ミックスベリーを使って作りました」

### 材料（直径 12× 高さ 7cm のボウル 1 個分）

食パン（8 枚切り）…… 4 枚
冷凍ミックスベリー …… 500g
グラニュー糖 …… 150g
レモン果汁 …… 40g
いちご、ラズベリー、ミントの葉 …… 各適量

### 作り方

1　食パンは耳を落として縦半分に切る。7 切れはボウルに敷き詰め [A]、1 切れは長さを 2 〜 3 等分に切って取り置く。

2　鍋に冷凍ミックスベリー、グラニュー糖、レモン果汁を入れて中火にかけ、ゴムベラで混ぜながら沸騰させる。耐熱ボウルに重ねたざるにあけ、果肉と果汁に分ける。果肉を 1 のボウルに入れ [B]、取り置いたパンでふたをする [C]。果汁をかける [D]。

3　ラップをかけて冷蔵室に入れ、一晩おいてなじませる。上下を逆さにしてボウルから取り出し、器に盛る。いちご、ラズベリー、ミントをのせる。

# チョコレートプディング

「グラタン皿で焼き、食べる分だけをすくってサーブします。ざっくりとスプーンを入れた断面の、チョコが染みた様子も目で味わってほしいと思います」

材料（22×14×高さ4cmのグラタン皿1個分）

生地
- 薄力粉 …… 100g
- ベーキングパウダー …… 4g
- ココアパウダー …… 30g
- バター（食塩不使用）…… 120g
- グラニュー糖 …… 120g
- 卵 …… 2個
- 牛乳 …… 20g

チョコソース
- ビターチョコレート
  （67%、カットされたもの）……80g
- 生クリーム（35%）…… 50g
- 牛乳 …… 100g

作り方

1　生地を作る。薄力粉、ベーキングパウダー、ココアパウダーは一緒に3回ふるう。ボウルにやわらかくしたバターとグラニュー糖を入れ、バターの水分を吸わせながら、なじませるようにゴムベラで混ぜる。オーブンを180℃に予熱し始める。

2　1のボウルに卵を割り入れて混ぜる。ふるった粉を加え、粉っぽさがなくなるまでよく混ぜる。牛乳を加えてさらに混ぜる。グラタン皿に流し入れ[A]、天板にのせ、170℃のオーブンで約40分焼き、冷ます。

3　チョコソースを作る。耐熱ボウルにチョコレートを入れる。別の耐熱ボウルに生クリーム、牛乳を入れ、ふんわりとラップをかけて電子レンジで約1分30秒加熱し、温める。チョコレートのボウルに加え[B]、溶かしながら泡立て器でよく混ぜる。バットに網をのせ2をのせ、生地にチョコソースをはけで染み込ませる[C]。

# レモンドリズルケーキ

## LEMON DRIZZLE CAKE

イギリスのティールームの定番メニュー。
「drizzle（ドリズル）＝たらす」という名前のとおり、
焼き上がったケーキにレモンシロップやアイシングを
たっぷりたらすようにかけるのが特徴。
甘みは強いが、レモンの酸味ですっきりとした後味になる。

### Eguchi's Style

.............................................................

「レモンシロップは、はけで表面に置くようにし
て、たっぷりと染み込ませます。焼き上がりの
表面が多少割れたりしても、シロップがかえっ
てよく染み込むので気にしなくて大丈夫」

# レモンドリズルケーキ

## 材料（直径 15cm〈底取れ式〉の丸型 1 台分）

生地
- 薄力粉 …… 150g
- ベーキングパウダー …… 5g
- レモン（国産）果皮 …… 3 個分
- レモン果汁 …… 1 個分
- バター（食塩不使用）…… 100g
- グラニュー糖 …… 150g
- 卵 …… 2 個

レモンシロップ
- レモン果汁 …… 2 個分弱（約 70g）
- グラニュー糖 …… 100g
- 水 …… 40g

レモンアイシング
- 粉糖 …… 100g
- レモン果汁 …… 12g

## 作り方

1 　生地を作る。薄力粉、ベーキングパウダーは一緒に 3 回ふるう。レモン 3 個はよく洗って皮をすりおろし、果汁をしぼる。ボウルにやわらかくしたバターとグラニュー糖を入れ、バターの水分を吸わせながら、なじませるように泡立て器で混ぜる。オーブンを 180℃に予熱し始める。

2 　1 のボウルに卵を割り入れて混ぜ、レモン果皮、果汁を加えて [A] 混ぜる。ふるった粉を加え、粉っぽさがなくなるまでよく混ぜ、ゴムベラで混ぜて混ぜ残しをなくす。オーブンペーパーを敷いた型に流し入れ [B]、台に軽く打ちつけて生地を端まで行き渡らせ、表面をゴムベラでならす。天板にのせ、170℃のオーブンで約 50 分焼く。

3 　レモンシロップを作る。耐熱ボウルにレモン果汁、グラニュー糖、水を入れてふんわりとラップをかけ、電子レンジで約 1 分 30 秒加熱し、温める。2 が熱いうちに型をはずしてペーパーを取り、はけで塗る [C]。

4 　レモンアイシングを作る。ボウルに粉糖を入れ、レモン果汁を加えてゴムベラでよく混ぜる。混ぜながら様子を見て、固すぎるようなら水を 1g ずつ（分量外）加える。3 にスプーンで塗る [D]。

# バッテンバーグケーキ

## BATTENBERG CAKE

一説によれば、名前の由来は、1884 年に
ヴィクトリア女王の孫娘とドイツのバッテンバーグ家の子息の
結婚を祝うケーキとして作られたことだとか。
市松模様が美しく、周りをマジパンで包んだクラシカルなケーキ。
ピンク×クリーム色の市松模様に作るのが定番。
シンプルなものが多いイギリス菓子の中では、
手が込んでいる。

### Eguchi's Style

.........................................................

「作りやすいように、茶×白にアレンジしました。
市松模様を作って余ったスポンジは、トライフ
ル（P122 〜 127）に使ってもいいですね」

# バッテンバーグケーキ

材料（2本分、7.5×17×高さ6cmのパウンド型2台を使用）

スポンジ生地
- バター（食塩不使用）…… 120g
- グラニュー糖 …… 120g
- 卵 …… 2個
- 薄力粉 …… 130g
- ベーキングパウダー …… 4g
- ココアパウダー …… 10g

マジパン …… 400g
ココアパウダー …… 20g
マーマレード …… 50g

## 作り方

1　スポンジ生地を2色（白、茶）作る。ボウルにやわらかくしたバターとグラニュー糖を入れ、バターの水分を吸わせながら、なじませるように泡立て器で混ぜる。卵を割り入れて混ぜ、半量を別のボウルに入れる。オーブンを190℃に予熱し始める。

2　白い生地用に薄力粉70g＋ベーキングパウダー2gを、茶色い生地用に薄力粉60g＋ベーキングパウダー2g＋ココアパウダーを、それぞれ一緒に3回ふるう。1のボウルにそれぞれ粉を加え、粉っぽさがなくなるまでよく混ぜ[A]、ゴムベラで混ぜて混ぜ残しをなくす。オーブンペーパーを敷いた型2台に生地を流し入れ、台に軽く打ちつけて端まで行き渡らせる。ゴムベラで真ん中をへこませる[B]。天板にのせ、180℃のオーブンで約30分焼き、型をはずして冷ます。

3　ボウルにマジパンを入れ、ココアパウダーを加えて練る。オーブン

ペーパーを敷いてマジパン半量をのせ、めん棒で縦15×横17cmに伸ばす。これをもう1つ作る。

4　2の白いスポンジを、ペーパーを取って上下左右を切り、2×2cmの棒状に4本切る。茶色いスポンジも同様に切る[C]。白1本の縦長の1面だけマーマレード適量を塗り[D]、その面を茶色1本の縦長の1面と接着する。残りも同様にする。2本を縦長に置いて、別の2本の下になる面にマーマレード適量を塗り[E]、市松模様になるように重ねて[F]、表面にもマーマレード適量を塗る。もう1組も同様に作る。※ここで切り落としたスポンジはP122〜127のトライフルに使える。

5　3に4をのせる。ペーパーごとマジパンを持ち上げ、スポンジを包む[G・H]。マジパンが余った部分は切り取る[I]。もう1つも同様に作る。

# トリークルタルト

## TREACLE TART

シロップをたっぷり吸わせたパン粉をフィリングにしたタルト。
もともと材料として使われていた
トリークル（糖蜜）が菓子名の由来だが、
今ではゴールデンシロップを使うのが主流となった。
ホイップクリームやアイスクリームを添えるとさらに現地風。

### Eguchi's Style

「タルト生地はバノフィーパイ（P38）と同様に、
市販のパイ菓子を使えば手軽です。レモンは果
皮をすりおろすので、国産のものを選びましょ
う。無糖のホイップクリームを添えてどうぞ」

# トリークルタルト

材料（直径18cmのタルト型〈底取れ式〉1台分）

生地
　┌ バター（食塩不使用）…… 40g
　└ パイ菓子（市販品）…… 120g
ゴールデンシロップ …… 200g
レモン（国産）…… 1個
パン粉 …… 100g

作り方

1　生地を作る。耐熱容器にバターを入れてふんわりとラップをかけ、電子レンジで約10秒加熱して溶かす。様子を見て足りなければ、さらに約10秒加熱する。ファスナーつき保存袋にパイ菓子を入れてめん棒などで砕く。溶かしバターを加え、ファスナーを閉じて袋の上からよくもんで混ぜる。型に敷き詰め、底が平らなコップで押し固める。冷蔵室で約30分冷やし固める。

2　耐熱ボウルにゴールデンシロップを入れる。レモンはよく洗って皮をすりおろし[A]、果汁をしぼって、ともにボウルに加える。ふんわりとラップをかけて電子レンジで約1分30秒加熱し、温める。オーブンを180℃に予熱し始める。

3　別のボウルにパン粉を入れ、2のシロップを加えながらゴムベラでよく混ぜる[B]。1に入れて[C]表面をゴムベラでならし、天板にのせ、170℃のオーブンで約30分焼く。冷めたら型をはずす。切り分けて器に盛り、好みでホイップクリーム（無糖）を添える。

# アップルクランブル

## APPLE CRUMBLE

クランブルとは、小麦粉と砂糖とバターを混ぜて
ほろほろのそぼろ状にしたもの。
これを耐熱皿に入れたりんごにのせてオーブンで焼くと、
アップルクランブルになる。
りんごのほか、ルバーブで作られることも多い。
家庭で簡単に作れるデザートの代表格。

### Eguchi's Style

.......................................................................

「熱々で食べても、冷めてから食べてもおいしい
デザート。りんごの品種は好みのもので構いま
せんが、もし手に入れば、酸味が強めなブラム
リーで作るとよりイギリス風になります」

# アップルクランブル

材料（13 × 19 ×高さ4cm のグラタン皿 1 個分）

クランブル
    薄力粉 …… 70g
    バター（食塩不使用）…… 35g
    きび糖 …… 50g
バター（食塩不使用）…… 20g
りんご …… 300g
きび糖 …… 30g
シナモンパウダー …… 1g

作り方

1    クランブルを作る。薄力粉は 3 回ふるう。ボウルに
やわらかくしたバターときび糖を入れ、バターの水分
を吸わせながら、なじませるようにゴムベラで混ぜる
[A]。ふるった粉を加えてさらに混ぜる [B・C]。オー
ブンを 210℃に予熱し始める。

2    耐熱ボウルにバターを入れてふんわりとラップをかけ
て電子レンジで約 30 秒加熱し、バターを溶かす。り
んごは皮をむいて 3 〜 4cm 角に切り、別のボウルに
入れる。溶かしバター、きび糖、シナモンパウダーを
加えて [D] ゴムベラでよく混ぜる。

3    グラタン皿に 2 を敷き詰め、1 を押し固めてから [E] 細
かくちぎってのせる [F]。天板にのせ、200℃のオーブ
ンで約 30 分焼く。

# ティーローフ

## TEA LOAF

昔ながらのティータイムのお菓子。
ドライフルーツを紅茶漬けにして風味を移し、
生地に混ぜて焼くケーキ。
冷めてしまった紅茶を無駄にしないよう
考えられたといわれている。
イギリスでは、パンのように薄く切って
バターをつける食べ方もおなじみ。

### Eguchi's Style

「ドライフルーツを漬ける紅茶は、好みで選んで
OK。ドライフルーツはレモンを多めにして作り、
ダージリンティーを合わせて食べるのもいいで
すよ」

# ティーローフ

材料
（7.5×17×高さ6cmのパウンド型1台分）

紅茶葉 …… 6g
湯（紅茶用）…… 130g
オレンジピール …… 20g
レーズン …… 50g
ドライクランベリー …… 20g
薄力粉 …… 150g
ベーキングパウダー …… 8g
きび糖 …… 50g
卵 …… 1個

作り方

1　ティーポットに紅茶葉を入れ、湯を注いで濃いめに抽出する。オレンジピールは刻む。耐熱ボウルにレーズン、オレンジピール、ドライクランベリーを入れ、茶こしを通して紅茶を注ぐ[A]。冷蔵室で20〜30分冷やす。

2　薄力粉、ベーキングパウダー、きび糖は一緒に3回ふるう。別のボウルに入れ、卵を割り入れ、1を加えて泡立て器で混ぜる[B]。オーブンを160℃に予熱し始める。

3　オーブンペーパーを敷いた型に流し入れ[C]、台に軽く打ちつけて生地を端まで行き渡らせ、表面をゴムベラでならす。天板にのせ、150℃のオーブンで約80分焼く。型をはずして冷まし、ペーパーを取る。

COLUMN   TEA STORY

# 紅茶の話

## スタンダード

### ダージリン

### アッサム

インド北東部の産地、ダージリンで生産される紅茶で、世界三大銘茶の1つとされる。旬が年に3回あり、春摘みの「ファーストフラッシュ」、夏摘みの「セカンドフラッシュ」、秋摘みの「オータムナル」と異なる味わいが楽しめる。特に合うお菓子は、ヴィクトリアサンドイッチケーキ、アップルクランブル、ティーローフ。

インド北東部の産地、アッサムで生産される紅茶。3〜11月の生産時期のうち、旬は夏摘みの「セカンドフラッシュ」。濃厚な風味と甘み、深いコクが特徴で、ミルクティーに向く。ストレートで飲む場合は軽めに、と抽出時間を調整してもおいしい。とりわけおすすめしたいお菓子は、チョコレートプディング、バッテンバーグケーキ。

英国菓子とは切っても切れない関係の紅茶。
ここでは定番的な紅茶＝スタンダードと、僕と東インド会社の
コラボレーションで生まれたブレンドティー（ハーブティーも含む）を紹介します。
おいしいいれ方もマスターして、紅茶とお菓子の楽しいひとときを。

## セイロン

スリランカ産の紅茶の総称。中でも、世界三大銘茶の1つとされ、すっきりとした渋みが特徴のウバ、香りや味わいのバランスがいいディンブラなどがおなじみ。産地の標高によってさまざまな味わいが生まれる。特にバノフィーパイ、サマープディング、トリークルタルト、イングリッシュマドレーヌとよく合う。

## アールグレイ

柑橘の一種、ベルガモットで香りづけされたフレーバードティー。特徴はなんといってもさわやかな香りで、ベースに使う茶葉で味わいが変わる。ストレートはもちろん、ミルクティーでも楽しめるほか、アイスティーにもおすすめ。とりわけキャロットケーキ、レモンドリズルケーキ、ティーローフ、フラップジャックと好相性。

このページで紹介するブレンドティーは、東インド会社との仕事の中から生まれたもの。
ティーマスターのラリースさんとゆっくり話をしながら
物語を編むようにブレンドを考える経験は、とても貴重なものでした。
飲むタイミングも大事なことを知り、参考になればとお伝えします。

## ブレンドティー

### オレンジキャンディの思い出

南アフリカ産のハーブティーで繊細な風味が特徴のハニーブッシュに、柑橘を合わせたブレンドティー。ティーマスターのラリース氏と、互いの家族や少年時代のことを語り合う中から生まれた。アイスでもおいしい。

**飲むベストタイミング：9:00 〜 15:00**
ノンカフェインのハニーブッシュの香りに、少量のオレンジが目覚めをサポートしてくれる。

### ショコラティエの贈り物

スリランカのヌワラエリヤで高地栽培された手摘み紅茶をベースに、中南米産オーガニックローストカカオハスクと台湾産ウーロン茶を加えた、ショコラティエならではのショコラ風味ブレンド。オレンジエッセンスの風味がカカオを引き立てる。

**飲むベストタイミング：12:00 〜 18:00**
ほのかに香るオレンジとさっぱりとしたウーロン茶が身体を温め、リラックスさせてくれる。

| ダージリンドリーム | ブリス |
|---|---|
|  | <br /> |
| 単一農場栽培（シングル・エステート）ダージリンのセカンドフラッシュと有機カカオハスクをブレンドし、ライチとシトラスの華やかな風味をプラス。ストレートティーで味わいたい。アイスティーにもぴったり。 | ローズ、カモミール、レモンバームをブレンドしたハーブティー。カモミールとレモンバームの味わいを引き立てるため、ローズとラベンダーの香りを少し加えている。 |
| **飲むベストタイミング：15:00 〜 20:00** | **飲むベストタイミング：18:00 〜 24:00** |
| ライチとシトラスのフレーバーで、午後の活動時間帯にちょっと一息を。少量のカフェインがもうひと頑張りを支えてくれる。 | ラベンダーとカモミールでリラックスさせてくれる。ノンカフェインで睡眠のサポートにも。 |

# おいしい紅茶のいれ方

**1**

ティーポットとカップに湯を入れて温める [A]。
温まったら湯は捨てる。

**2**

湯を沸騰させ、耐熱容器（計量カップなど）に注いで [B]、
湯の温度を落ち着かせる。
温度が高すぎると紅茶が渋くなるので、
80℃ぐらいが理想的。

**3**

ティーポットに紅茶葉を入れる [C]。
分量は紅茶の種類によって違うので、パッケージの説明に従う。

**4**

ティーポットに 2 の湯を注いで抽出する [D・E]。
抽出時間は紅茶の種類によって違うので、
パッケージの説明に従う。

**5**

カップに注ぐ [F]。

**6**

ポットに残したままだと
濃くなりすぎるので、注ぎ切る [G]。

小さいお菓子

# スコーン

## SCONES

英国菓子といえばこれを思い浮かべる人は多いはず。
ジャムやクロテッドクリームをのせて食べる、
ティータイムに欠かせない存在。
歴史は古く、原型となるレシピは 16 世紀まで遡るともいわれる。
やがて時代が下ると、上流階級のアフタヌーンティーで
供されるようになった。

### Eguchi's Style

「従来の作り方だと刻みバターがセオリーでした
が、実は溶かしバターでも OK。外はサクッと、
中はフワッと焼き上がります。ヨーグルトを少
量加えることも、サクサク感のポイントです」

# スコーン

材料（直径 5cm の丸抜き型 8 個分）

生地
- バター（食塩不使用）…… 50g
- 薄力粉 …… 200g
- ベーキングパウダー …… 10g
- きび糖 …… 50g
- 卵 …… 1 個
- プレーンヨーグルト …… 30g
- フルールドセル …… 1g

強力粉（打ち粉）…… 適量
卵黄 …… 10g

作り方

1　生地を作る。耐熱容器にバターを入れてふんわりとラップをかけ、電子レンジで約 30 秒加熱して溶かす。様子を見て足りなければ、さらに約 10 秒加熱する。薄力粉、ベーキングパウダーは一緒に 3 回ふるってボウルに入れ、きび糖を加えてゴムベラで混ぜる。卵を割り入れ、ヨーグルト、フルールドセルを加えて [A] 混ぜる。溶かしバターを加えて粉をなじませるようによく混ぜ [B・C]、ひとまとめにする。ラップで平らに包み [D]、冷蔵室で 1 ～ 2 時間休ませる。

2　オーブンを 180℃に予熱し始める。ラップの上から手で長方形（約 15 × 20cm）に伸ばす。強力粉をたっぷりふった台に、ラップをはずした生地を置く。生地の表面に強力粉を少々ふり、カードで 2 等分に切って [E] 重ね、めん棒で厚さ 2cm の長方形に伸ばす [F]。再びカードで 2 等分に切って、重ねて、また伸ばす。これをあと 2 回繰り返す（合計 4 回）[G]。

3　型で 6 個抜き、残りは 1 つにまとめ（層が増えるのを避けるため、重ねない）[H]、型で 2 個抜く。

4　天板を裏返してオーブンペーパーを敷き、3 をのせる。卵黄はよく溶きほぐし、はけで上面に塗る [I]。170℃のオーブンで約 20 分焼く。

スコーンのアレンジ ①

# 紅茶とクランベリーのスコーン

TEA & CRANBERRY SCONES

## 材料（6個分）

スコーンの生地の材料（P82）…… 全量
紅茶葉 …… 6g
ドライクランベリー …… 50g
強力粉（打ち粉）…… 適量
卵黄 …… 10g

## 作り方

1　スコーンの作り方1（P82）の手順で生地を作る。ただし、ヨーグルトと同じタイミングで刻んだ紅茶葉と、ドライクランベリーを加える。

2　オーブンを180℃に予熱し始める。スコーンの作り方2（P82）の手順で生地を層にする。カードで2等分に切り、それぞれを3等分の三角形に切る[A]。

3　スコーンの作り方4（P82）の手順で焼く。

スコーンのアレンジ ②

# チョコチップスコーン
CHOCOLATE CHIP SCONES

材料（8個分）

スコーンの生地の材料（P82）…… 全量
チョコチップ …… 40g
卵黄 …… 10g

作り方

1　オーブンを180℃に予熱し始める。スコーンの作り方1（P82）の手順で生地を作る。ただし、バターを混ぜたあとにチョコチップを加えて混ぜる。生地は休ませずに厚さ約2cmの円形にする。

2　スコーンの作り方4（P82）の手順で焼く。ただし、生地をのせたあとに表面にカードで8等分の筋をつける[A]。

# ショートブレッド

## SHORTBREAD

スコットランドで誕生したといわれる伝統菓子。
名前の「ショート」は「ホロホロ、サクサクした」
という意味合いで、
そのとおりの軽やかな歯ざわりと、
濃厚なバターの風味が特徴だ。
デザインアイコンでもある穴は、
焼く際に水分を逃がしやすくする役割を果たしている。

## Eguchi's Style

...............................................................

「バターの水分を砂糖に吸わせることでサクサク
した食感が出るので、粉は必ずあとから加えま
しょう。焼き上がりの温かいうちだと割れにく
いので、きれいに切ることができます」

# ショートブレッド

## 材料（約16個分）

生地
- 薄力粉 …… 160g
- バター（食塩不使用）…… 100g
- グラニュー糖 …… 50g
- フルールドセル …… 1g

強力粉（打ち粉）…… 適量

## 作り方

1  生地を作る。薄力粉は3回ふるう。ボウルにやわらかくしたバターとグラニュー糖、フルールドセルを入れ、バターの水分をグラニュー糖に吸わせながら、なじませるようにゴムベラで混ぜる[A]。ふるった粉を加え、粉っぽさがなくなるまでよく混ぜる。

2  台にオーブンペーパーを敷いて生地をのせ、強力粉をたっぷりふって、めん棒で厚さ1cm、縦12×横20cmほどに伸ばす[B]。

3  定規を当てて縦6×横2cmが約16個になるよう包丁で切り目を入れ、竹串で表面に穴を開ける[C]。冷蔵室で約30分休ませる。オーブンを180℃に予熱し始める。

4  天板を裏返してシルパンを敷き、3をのせる。170℃のオーブンで約30分焼き、シルパンごと取り出す。温かいうちに切れ目に沿って切る[D]。

## ショートブレッドのアレンジ ①

# ショートケーキ
SHORTCAKE

### 材料（4個分）

ショートブレッドの
　生地の材料（P88）…… 全量
強力粉（打ち粉）…… 適量
生クリーム（35%）…… 200g
グラニュー糖 …… 15g
いちご …… 5個
粉糖 …… 10g

### 作り方

1　ショートブレッドの作り方1（P88）の手順で生地を作る。台にオーブンペーパーを敷いて生地をのせ、強力粉をたっぷりふって、めん棒で厚さ5mmの円形に伸ばす。直径18cmのタルト型の底を当て、周りを切り落とす[A]（余った生地はまとめて再び伸ばし、好みの形にして焼く）。8等分になるよう包丁で切り目を入れ、竹串で表面に穴を開けてタルト型に入れる[B]。冷蔵室で約30分休ませる。オーブンを180℃に予熱し始める。

2　天板に型ごとのせ、170℃のオーブンで約30分焼く。温かいうちに型から出して切れ目に沿って切る。シルパンにのせて冷ます。

3　ボウルに生クリームとグラニュー糖を入れ、ハンドミキサーで角が立つまで泡立て、桜口金をつけたしぼり袋に入れる。いちご1個はへたを取って縦4等分に切る。

4　茶こしに粉糖を入れ、2の周囲の縁に沿ってふる。1枚に3の生クリームをしぼり、切ったいちご1切れをのせる。もう1枚ではさんで3の生クリームをしぼり、いちご1個をのせる。同様にあと3個作る。

## ショートブレッドのアレンジ ②

# チョコショートブレッド
CHOCOLATE SHORTBREAD

### 材料（直径6cmの菊抜き型12個分）

生地
- 薄力粉 …… 150g
- ココアパウダー …… 15g
- バター（食塩不使用）…… 100g
- グラニュー糖 …… 50g
- フルールドセル …… 1g

強力粉（打ち粉）…… 適量
ビターチョコレート（67％、カットされたもの）…… 100g

### 作り方

1. ショートブレッドの作り方1（P88）の手順で生地を作る。ただし、薄力粉、ココアパウダーは一緒に3回ふるう。台にオーブンペーパーを敷いて生地をのせ、強力粉をたっぷりふって、めん棒で厚さ5mmに伸ばす。型を当てて抜き[A]、余った生地はまとめて再び伸ばしてできるだけ抜く。竹串で表面に穴を開けて冷蔵室で約30分休ませる。オーブンを180℃に予熱し始める。

2. ショートブレッドの作り方4（P88）の手順で焼き、シルパンごと取り出して冷ます。

3. チョコレートをテンパリングする。耐熱ボウルにチョコレートを入れてふんわりとラップをかけ、電子レンジで約30秒加熱して泡立て器で混ぜる、を4〜5回繰り返して溶かす。別のボウルに氷水（分量外）を入れ、底を当てながら混ぜてチョコの温度を27℃に下げる。氷水を捨てて湯（分量外）に入れ替え、底を当てながらよく混ぜ、チョコの温度を31℃に上げる。

4. 2を3のボウルに数回バウンドさせて、半分ほどにチョコをつける[B]。チョコが固まるまでオーブンペーパーの上に置く。

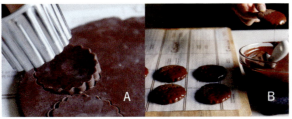

# フラップジャック

## FLAPJACKS

オートミールをはちみつなどと混ぜて
焼き固めたシンプルなお菓子。
穀物らしい香ばしさとザクザクとした歯ざわりに、
少しだけキャラメルのような粘りけが感じられる。
イギリスでは、シリアルバーのように、
手軽な朝食代わりとして食べる人もいるとか。

### Eguchi's Style

「材料を時々上下を返すように混ぜるのがコツ。
砂糖はレンジ加熱で溶けきらなくても大丈夫で
すが、1カ所に寄らず全体にまんべんなくちる
よう意識するとよいでしょう」

# フラップジャック

材料（18×18× 高さ 5.5cm の角型〈底取れ式〉1 台分）

バター（食塩不使用）…… 120g
ブラウンシュガー …… 60g
はちみつ …… 50g
フルールドセル …… 1g
オートミール …… 200g

作り方

1   耐熱ボウルにバター、ブラウンシュガー、はちみつを入れてふんわりとラップをかけ、電子レンジで約 30 秒加熱して溶かす。フルールドセルとオートミールを加えて [A] ゴムベラで混ぜ、全体をなじませる [B]。オーブンを 180℃に予熱し始める。

2   オーブンペーパーを敷いた型に 1 を流し入れ、台に軽く打ちつけて生地を端まで行き渡らせる。ゴムベラで表面をならす [C]。天板にのせ、170℃のオーブンで約 30 分焼く。粗熱をとって型から出して冷まし、ペーパーを取って縦横各 4 等分に切る。

# イングリッシュマドレーヌ

## ENGLISH MADELEINES

貝殻の形ではなく縦長シルエットの、
イギリス独特のマドレーヌ。
ヴィクトリアサンドイッチケーキと似たスポンジは
軽やかな口当たりで、
表面にジャムを塗りココナッツを重ねて
仕上げにドレンチェリーをトッピング。
ちょっとノスタルジックなルックスが愛らしい。

### Eguchi's Style

.....................................................................

「ジャムは薄く伸ばすように塗り、ココナッツ
ファインは一度まぶしてから軽く余分を落とす
のが、きれいに仕上げるポイント。本来は縦長
のダリオール型を使いますが、作りやすいよう
にマフィン型を使いました」

# イングリッシュマドレーヌ

材料（22×34.3×高さ4.5cm、6個用のマフィン型1台分）

生地
　　薄力粉 …… 100g
　　ベーキングパウダー …… 5g
　　バター（食塩不使用）…… 110g
　　グラニュー糖 …… 100g
　　卵 …… 2個
ココナッツファイン …… 50g
ラズベリージャム …… 100g
ドレンチェリー …… 6個

作り方

1　生地を作る。薄力粉、ベーキングパウダーは一緒に3回ふるう。ボウルにやわらかくしたバターとグラニュー糖を入れ、バターの水分を吸わせながら、なじませるようにゴムベラで混ぜる。卵を割り入れて混ぜる。オーブンを180℃に予熱し始める。

2　1のボウルにふるった粉を加え、粉っぽさがなくなるまでよく混ぜ、先端を少し切ったしぼり袋に入れる。グラシンカップを入れた型に6等分にしぼり入れる [A]。天板にのせ、170℃のオーブンで約20分焼き、型からはずして冷ます。

3　ココナッツファインはバットに広げておく。3の上面にスプーンでジャムを塗って [B] ココナッツファインをまぶし [C]、竹串でドレンチェリーをのせる [D]。

# ビスケット

## BISCUITS

イギリス人の毎日に欠かせないビスケット。
名前の由来は「2度焼く」という言葉で、
航海の際の保存食だったことから来ているそう。
イギリスには、日本のような
ビスケットとクッキーの区別はないので、
日本でいうところのクッキーのようなリッチなタイプも含まれる。

### Eguchi's Style

「焼き上がったビスケットにチョコレートを塗る
ときは、網目がない方に塗るときれい。あえて
はけの筋を残して、カジュアルな感じに仕上げ
てみました」

# ビスケット

材料（直径 5cm の丸抜き型 12 個分）

生地
┌ 全粒粉 …… 140g
│ バター（食塩不使用）…… 70g
│ きび糖 …… 40g
│ フルールドセル …… 1g
└ 牛乳 …… 20g
テンパリング（P91）をした
　ビターチョコレート（67%）…… 80g

作り方

1　生地を作る。全粒粉は 3 回ふるう。ボウルにやわらか
　　くしたバターときび糖、フルールドセルを入れ、バター
　　の水分をきび糖に吸わせながら、なじませるようにゴム
　　ベラで混ぜる。ふるった粉を加えてさらに混ぜる。牛乳
　　を加えて混ぜ、全体をなじませる。オーブンを 180℃に
　　予熱し始める。

2　オーブンペーパーを敷いて生地をのせ、めん棒で厚さ 2
　　mm に伸ばし [A]、型を当てて抜く [B]（余った生地は
　　まとめて再び伸ばし、好みの形にして焼く）。天板を裏
　　返してシルパンを敷き、生地をのせる。170℃のオーブ
　　ンで約 25 分焼き、シルパンごと取り出して冷ます。

3　2 の上面に、はけでチョコレートを塗る [C]。チョコが
　　固まるまでオーブンペーパーの上に置く。

# メルティングモメント

## MELTING MOMENTS

「メルティング（溶ける）モメント（瞬間）」
という名前のとおり、口に入れると軽やかにほどけ、
バターの後味が残る甘美なお菓子。
スッと溶ける食感の生地に、
オーツ麦やココナッツ、ドレンチェリーが
アクセントになっている。

### Eguchi's Style

.............................................................

「ここではオーツ麦は使わず、ココナッツをまぶ
し、やさしい口当たりの生地に甘やかな風味と
サクッとした食感をプラスしました。チェリー
は切り口を生地に当てて押し込みます」

# メルティングモメント

## 材料（12個分）

生地
- 薄力粉 …… 120g
- ベーキングパウダー …… 2g
- バター（食塩不使用）…… 80g
- グラニュー糖 …… 70g
- 卵黄 …… 1個分

ココナッツロング
（ココナッツファインでも可）…… 50g
ドレンチェリー …… 3個

## 作り方

1　生地を作る。薄力粉とベーキングパウダーは、一緒に3回ふるう。ボウルにやわらかくしたバターとグラニュー糖を入れ、バターの水分を吸わせながら、なじませるようにゴムベラで混ぜる。卵黄を加えて混ぜる [A]。オーブンを180℃に予熱し始める。

2　1のボウルにふるった粉を加え、粉っぽさがなくなるまでよく混ぜる。生地を直径約3cmのボール状に丸めてココナッツロングをまぶし [B・C]、天板を裏返してオーブンペーパーを敷いたところに、間隔をあけてのせる。ドレンチェリーを4等分に切り、切り口を下にして生地に押し込むようにのせる [D]。170℃のオーブンで約15分焼く。

# ジンジャーブレッドビスケット

## GINGERBREAD BISCUITS

日本でもおなじみの、しょうがを効かせたビスケット。
スパイスを加えることもある。
イギリスではクリスマスに特に人気で、
プレゼントにしたり、クリスマスツリーに飾ったりと
ホリデイシーズンを盛り上げる。

### Eguchi's Style

......................................................................

「人の形のものがよく知られていますが、ここで
はフクロウの型を使ってみました。もっとシン
プルな形にしてもいいし、好みで作って楽しん
でほしいと思います」

# ジンジャーブレッドビスケット

材料（6.5×10× 高さ4cm のフクロウ型8 個分）

薄力粉 …… 130g
ジンジャーパウダー …… 3g
シナモンパウダー …… 1g
ナツメグ …… 1g
バター（食塩不使用）…… 50g
きび糖 …… 60g
卵黄 …… 1 個分

作り方

1　薄力粉、ジンジャーパウダー、シナモンパウダー、ナツ
メグは、一緒に3 回ふるう [A]。ボウルにやわらかくし
たバターときび糖を入れ、バターの水分を吸わせなが
ら、なじませるようにゴムベラで混ぜる。卵黄を加えて
混ぜる。ふるった粉を加え [B]、粉っぽさがなくなるま
でよく混ぜる [C]。ひとまとめにしてラップで包み [D]、
冷蔵室で約1 時間休ませる。

2　オーブンを180℃に予熱し始める。型が新しい場合は、
サラダ油（分量外）を薄く塗って薄力粉（分量外）を
薄くふり、払い落とす [E・F]。生地を伸ばすようにし
ながら型にギュッと押し込み [G]、取り出す。取り出し
にくいときは竹串などを使う [H]。同様にあと7 個作る
（余った生地はまとめて好みの形にして焼く）。

3　天板を裏返してシルパンを敷き、2 を裏を下にしてのせ
る [I]。170℃のオーブンで約20 分焼く。

# ロックケーキ

## ROCK CAKES

「ロック」の名前のとおり、
ゴツゴツとした岩のような風貌のお菓子。
でも口にしてみるとサクッと崩れてやわらかく、
そのギャップが印象的だ。
ドライフルーツやスパイスを入れた生地は、
風味豊かであっさりとした甘み。
イギリスではティータイムの定番のお菓子。

### Eguchi's Style

「シンプルな作り方と素朴な味わいが、いかにも
家庭菓子らしい。焼く直前にきび糖をふりかけ
て、表面にざらりと甘いアクセントを加えるの
がおいしさの秘密」

# ロックケーキ

材料（8個分）

バター（食塩不使用）…… 100g
薄力粉 …… 200g
ベーキングパウダー …… 15g
シナモンパウダー …… 2g
ナツメグ …… 1g
コリアンダーパウダー …… 1g
きび糖 …… 75g
卵 …… 1個
牛乳 …… 20g
レーズン …… 60g
きび糖（表面用）…… 10g

作り方

1 耐熱容器にバターを入れてふんわりとラップをかけ、電子レンジで約30秒加熱して溶かす。様子を見て足りなければ、さらに約10秒加熱する。薄力粉、ベーキングパウダー、シナモンパウダー、ナツメグ、コリアンダーパウダーは一緒に3回ふるってボウルに入れ、きび糖を加えてゴムベラで混ぜる。卵を割り入れ、溶かしバター、牛乳を加えて、粉をなじませるようによく混ぜる。レーズンを加えてさらに混ぜる [A・B]。オーブンを180℃に予熱し始める。

2 天板を裏返してオーブンペーパーを敷く。1の生地を8等分してスプーン2本で丸めて並べ [C]、きび糖を指でつまんでふりかける [D]。170℃のオーブンで約30分焼く。

COLUMN JAM RECIPES

# ジャム

## マーマレード

材料
（約500g分）

オレンジ …… 400g
グラニュー糖 …… 200g
レモン果汁 …… 20g

### MARMALADE

作り方

1　オレンジはよく洗って鍋に入れ、ひたひたの水を加えて火にかける。沸騰したら湯を捨て、再び水を加えて火にかける。これをあと2回繰り返し（合計3回）[A]、ざるにあける。皮ごと一口大に切って種を除く。

2　鍋に戻し入れ、グラニュー糖とレモン果汁を加えて中火にかける。ゴムベラで混ぜながら、水分が飛んでとろりとするまで約10分煮る[B]。大きなオレンジの皮が残ったら、ハンドブレンダーなどで砕く。清潔な瓶に入れ、冷蔵で約2週間保存可能。

スコーンやサンドイッチに欠かせないジャム。
オレンジなどの柑橘類を果皮ごと使うマーマレードも、
いかにもイギリスらしい甘いものの1つです。
手作りならではのおいしさを、ぜひ味わってください。

## いちじくとカシスのジャム

FIG & CASSIS JAM

材料
（約500g分）

いちじく（切って冷凍したもの）
　……300g
冷凍カシス ……100g
冷凍ブラックベリー ……50g
グラニュー糖 ……300g
レモン果汁 ……20g

作り方

1　ステンレス製の鍋にすべての材料を入れて[A]ラップをかけ、冷蔵室で一晩解凍する。

2　1の鍋のラップをはずして[B]中火にかけ、ゴムベラで混ぜながら、水分が飛んでとろりとするまで約10分煮る。アクが出たら取り除く。清潔な瓶に入れ、冷蔵で約2週間保存可能。

# アプリコットバニラジャム

## APRICOT VANILLA JAM

材料（約 500g 分）

アプリコット（ホール）缶 …… 250g
バニラビーンズ …… 1本
冷凍アプリコットピューレ …… 125g
グラニュー糖 …… 180g
はちみつ …… 60g

作り方

アプリコット（ホール）は粗く刻む。バニラビーンズは縦に浅く切り込みを入れる。すべての材料を鍋に入れて[A]中火にかけ、ゴムベラで混ぜながら、水分が飛んでとろりとするまで約10分煮る。清潔な瓶に入れ、冷蔵で約2週間保存可能。

# りんごと紅茶のジェリー

## APPLE & TEA JELLY

**材料（約250g×4瓶分）**

紅茶のジェリー
- 紅茶葉（アッサム）…… 8g
- 湯 …… 500g
- グラニュー糖 …… 250g
- ペクチン …… 20g

りんごのジェリー
- りんごジュース …… 500g
- グラニュー糖 …… 20g
- ペクチン …… 15g

**作り方**

1　紅茶のジェリーを作る。耐熱ボウルに紅茶葉、湯を入れ、ラップをかけて約3分蒸らす。茶こしを通して鍋に入れる。グラニュー糖とペクチンを合わせて[A]紅茶に加える[B]。中火にかけ、泡立て器で混ぜながら溶かす。沸騰したら火を止める。裏ごしをして粗熱をとり、清潔な瓶に高さ半分まで入れる。冷蔵室で冷やす。

2　りんごのジェリーを作る。鍋にりんごジュースを入れて中火にかける。グラニュー糖とペクチンを合わせ、沸騰したジュースに加えて泡立て器で混ぜながら溶かす。再び沸騰したら火を止める。裏ごしをして粗熱をとり、固まった1の上に流し入れて[C]、冷蔵室で冷やし固める。冷蔵で約1週間保存可能。

# トライフルとイートンメス

## トライフル

TRIFLE

「些細なもの、つまらないもの」という言葉が名前になったというトライフル。
なぜこの名前になったか、理由ははっきりしないものの、
現地では「簡単なのに華があるデザート」として愛され続けている。
作る人によってさまざまなバリエーションがある。

イートンメス

ETON MESS

「mess（メス）＝ぐちゃぐちゃ」という名前のとおり、スプーンで
混ぜながら食べるお菓子で、メレンゲ、生クリーム、いちごで作るのが定番。
イートンはイギリスの名門校イートン・カレッジのことで、
同校で生まれたことからこの名がついたとされるが、真偽のほどは不明だそう。

# トライフル

## Eguchi's Style

·······························

「おいしそうに盛りつけるコツは、クリームをグラスの側面に向けてしぼることと、適度なすき間を残すこと。スポンジは気軽に作れるよう、電子レンジを使いました」

## 材料（4人分）

スポンジ生地
- 薄力粉 …… 30g
- 卵 …… 1個
- グラニュー糖 …… 30g
- 牛乳 …… 10g

カスタードクリーム
- 薄力粉 …… 10g
- 卵黄 …… 1個分
- グラニュー糖 …… 30g
- 牛乳 …… 80g

いちごソース
- いちご …… 100g
- グラニュー糖 …… 50g
- レモン果汁 …… 10g

ホイップクリーム
- 生クリーム（35%）
  …… 200g
- グラニュー糖 …… 15g

いちご …… 適量
ホワイトチョコレート（37%）
  …… 適量

## 作り方

1. スポンジ生地を作る。薄力粉は3回ふるう。ボウルに卵を割り入れ、グラニュー糖を入れてハンドミキサーで泡立て、ふるった粉を加えて粉っぽさがなくなるまでゴムベラでよく混ぜる[A]。耐熱ボウルに牛乳を入れ、ふんわりとラップをかけて電子レンジ（600W）で約10秒加熱する。先に混ぜたほかの材料を少量加えて混ぜ、ボウルに戻し入れてよく混ぜる。耐熱のプラスチック容器（14×14×高さ8cm）にオーブンペーパーを敷いて生地を流し入れ[B]、表面をゴムベラでならす。ふんわりとラップをかけて[C]電子レンジ（200W）で約6分加熱する。冷ましてスポンジをちぎる。

2. カスタードクリームを作る。薄力粉は1回ふるう。耐熱ボウルに卵黄とグラニュー糖を入れて泡立て器ですり混ぜる。薄力粉を加えてさっと混ぜ、牛乳を加えてさらに混ぜる。ふんわりとラップをかけて[D]電子レンジ（600W）で約30秒加熱し、混ぜる、を5回繰り返す[E]。ラップを広げたバットに流し入れ、上にもラップをかぶせて冷蔵室で約30分冷やす。先端を少し切ったしぼり袋に入れる。

3. いちごソースを作る。鍋にへたを除き粗く刻んだいちご、グラニュー糖、レモン果汁を入れて中火にかけ、ゴムベラで混ぜながら煮る。とろみがついたら火を止めて冷ます。

4. ホイップクリームを作る。ボウルに生クリームとグラニュー糖を入れ、ハンドミキサーで角が立つまで泡立て、桜口金をつけたしぼり袋に入れる。

5. 器に1、2、3、4、へたを除いて2〜4等分に切ったいちごをバランスよく盛る[F・G・H]。へたつきのいちごをのせ、チョコレートを削ってかける[I]。

トライフルのアレンジ ①

—

# チェリーとチョコレートのトライフル

CHERRY & CHOCOLATE TRIFLE

## 材料（4人分）

チョコクリーム
  ┌ ビターチョコレート（67%、
  │   カットされたもの）…… 70g
  │ 生クリーム（35%）…… 200g
  └ 水あめ …… 20g
ココアスポンジ生地
  ┌ 薄力粉 …… 25g
  │ ココアパウダー …… 5g
  │ 卵 …… 1個
  │ グラニュー糖 …… 30g
  └ 牛乳 …… 10g
カスタードクリーム
  ┌ トライフルのカスタードクリーム
  └   の材料（P122）…… 全量
チェリーソース
  ┌ 冷凍グリオットチェリー※
  │   （種抜き）…… 100g
  │ グラニュー糖 …… 50g
  └ レモン果汁 …… 10g
ブラックベリー …… 適量
赤すぐり …… 適量
ビターチョコレート（67%）…… 適量
ピスタチオ …… 適量

## 作り方

**1** チョコクリームを作る。耐熱ボウルにチョコレート、生クリーム70g、水あめを入れてふんわりとラップをかけ、電子レンジで約1分30秒加熱する。泡立て器で混ぜ、生クリーム130gを冷たいまま加えて[A]混ぜる。ラップをかけて冷蔵室で3時間以上（できれば一晩）冷やす。使う直前にハンドミキサーで角が立つまで泡立て[B]、丸口金をつけたしぼり袋に入れる。

**2** トライフルの作り方1（P122）の手順でココアスポンジ生地を作る。ただし、薄力粉、ココアパウダーは一緒に3回ふるう。

**3** トライフルの作り方2（P122）の手順でカスタードクリームを作る。丸口金をつけたしぼり袋に入れる。

**4** チェリーソースを作る。鍋に冷凍グリオットチェリー、グラニュー糖、レモン果汁を入れて中火にかけ、ゴムベラで混ぜながら煮る。とろみがついたら火を止めて冷ます。

**5** 器に1、2、3、4をバランスよく盛る。ブラックベリーと赤すぐりをのせ、チョコレートを削って添え、ピスタチオを砕いてかける。

124　※ お菓子によく使われる酸味が強いさくらんぼ。冷凍が入手しやすい。

## トライフルのアレンジ ②

# いちじくと洋梨のトライフル
FIG & PEAR TRIFLE

## 材料（4人分）

スポンジ生地
  トライフルのスポンジ生地の
  材料（P122）…… 全量
紅茶カスタードクリーム
  薄力粉 …… 10g
  卵黄 …… 1個分
  グラニュー糖 …… 30g
  牛乳 …… 100g
  紅茶葉 …… 5g
キャラメルクリーム
  グラニュー糖 …… 40g
  生クリーム（35%）…… 200g
洋梨ソース
  洋梨 …… 100g
  グラニュー糖 …… 50g
いちじく …… 適量
洋梨 …… 適量
オートミール …… 適量

## 作り方

1 　トライフルの作り方1（P122）の手順でスポンジ生地を作る。

2 　トライフルの作り方2（P122）の手順で紅茶カスタードクリームを作る。ただし、牛乳は以下の要領でミルクティーにする。直径26cmの耐熱ボウルに牛乳と細かく刻んだ紅茶葉を入れ、ふんわりとラップをかけて電子レンジで約2分30秒加熱し、蒸らして冷ます。もう1つのボウルを計量器にのせ、重さを見ながら、茶こしを通してミルクティーを加え[A]、80gに足りなければ牛乳を足す。また、できたクリームは丸口金をつけたしぼり袋に入れる。

3 　キャラメルクリームを作る。鍋にグラニュー糖を入れて中火にかけ、混ぜずに鍋をゆすってキャラメルを作り、耐熱ボウルに入れる。別の耐熱ボウルに生クリーム60gを入れてふんわりとラップをかけ、電子レンジで約20秒加熱し、キャラメルに加える。ゴムベラでよく混ぜて、冷ます。

4 　別のボウルに生クリーム140gを入れてハンドミキサーで角が立つまで泡立て、一部を3に加えて[B]混ぜる。元のボウルに戻し入れ[C]、ゴムベラで混ぜ合わせる。丸口金をつけたしぼり袋に入れる。

5 　洋梨ソースを作る。鍋に皮をむいて角切りにした洋梨とグラニュー糖を入れて中火にかけ、ゴムベラで混ぜながら煮る。とろみがついたら[D]火を止めて冷ます。

6 　器に1、2、4、5、皮をむいて切ったいちじくをバランスよく盛る。いちじくと皮つきのまま切った洋梨をのせ、オートミールを砕いてかける。

# イートンメス

## Eguchi's Style

......................................................

「器の下にフルーツソースやシロップ漬けなど汁けのあるものを、上にメレンゲを入れるのがポイント。メレンゲを崩しながら食べるうちに、器の底に落ちておいしく混ざります」

## 材料（4人分）

メレンゲ
  卵白 …… 1個分
  グラニュー糖 …… 70g
  レモン果汁 …… 5g
いちごソース
  いちご …… 100g
  グラニュー糖 …… 50g
  レモン果汁 …… 10g
生クリーム（35%）…… 150g
いちご …… 適量
ミントの葉 …… 適量

## 作り方

1 オーブンを110℃に予熱し始める。メレンゲを作る。ボウルに卵白とグラニュー糖を入れてハンドミキサーで泡立て、レモン果汁を加えて[A]固く泡立てる[B]。桜口金をつけたしぼり袋に入れる。裏返した天板にオーブンペーパーを敷いてメレンゲを適量ずつしぼり[C]、100℃のオーブンで約80分焼いて乾燥させる。

2 いちごソースを作る。鍋にへたを除いて粗く刻んだいちご、グラニュー糖、レモン果汁を入れて中火にかけ、ゴムベラで混ぜながら煮る。とろみがついたら[D]火を止めて冷ます。

3 ボウルに生クリームを入れ、ハンドミキサーで角が立つまで泡立てる。桜口金をつけたしぼり袋に入れる。

4 器に1、2、3、へたを除いて縦2等分に切ったいちごをバランスよく盛る。へたつきのいちごを飾り、ミントをのせる。

イートンメスのアレンジ ①

# オレンジとクローブのイートンメス

ORANGE & CLOVE ETON MESS

## 材料（4人分）

メレンゲ
- イートンメスのメレンゲの材料（P128）…… 全量
- 紅茶葉 …… 5g

オレンジのシロップ漬け
- オレンジ（果肉）…… 200g
- 水 …… 100g
- グラニュー糖 …… 50g
- クローブ（ホール）…… 3g

キャラメルクリーム
- グラニュー糖 …… 30g
- 生クリーム（35%）…… 160g

ミントの葉 …… 適量

## 作り方

1 イートンメスの作り方1（P128）の手順でメレンゲを作る。ただし、紅茶葉は細かく刻み、レモン果汁と一緒に加える。また、できたメレンゲは星口金をつけたしぼり袋に入れる。

2 オレンジのシロップ漬けを作る。鍋に水、グラニュー糖、クローブを入れて中火にかけ、ゴムベラで混ぜながら煮る。とろみがついたら火を止める。耐熱ボウルにオレンジとシロップを入れ[A]、冷蔵室で約30分冷やす。

3 キャラメルクリームを作る。鍋にグラニュー糖を入れて中火にかけ、混ぜずに鍋をゆすってキャラメルを作り、耐熱ボウルに入れる。別の耐熱ボウルに生クリーム60gを入れてふんわりとラップをかけ、電子レンジで約20秒加熱し、キャラメルに加える。ゴムベラでよく混ぜて、冷ます。

4 別のボウルに生クリーム100gを入れてハンドミキサーで角が立つまで泡立て、一部を3に加えて混ぜる。元のボウルに戻し入れ、混ぜ合わせる。星口金をつけたしぼり袋に入れる。

5 器にオレンジ、1、4をバランスよく盛り、2のクローブ、ミントをのせる。

A

## イートンメスのアレンジ ②

# ルバーブとラベンダーのイートンメス
### RHUBARB & LAVENDER ETON MESS

### 材料（4人分）

メレンゲ
- イートンメスのメレンゲの材料（P128）…… 全量

ルバーブのコンポート
- ルバーブ …… 100g
- グラニュー糖 …… 50g
- レモン果汁 …… 10g
- ラベンダーシロップ …… 20g

生クリーム（35%）…… 150g
ブラックベリー …… 適量
ラズベリー …… 適量
ミントの葉 …… 適量

A

### 作り方

1. イートンメスの作り方1（P128）の手順でメレンゲを作る。ただし、丸口金をつけたしぼり袋に入れ、棒状にしぼる。

2. ルバーブのコンポートを作る。鍋に粗く刻んだルバーブ、グラニュー糖、レモン果汁を入れて中火にかけ、ゴムベラで混ぜながら煮る。とろみがついたら火を止め、ラベンダーシロップを加えて [A] 混ぜる。粗熱をとり、冷蔵室で冷やす。

3. イートンメスの作り方3（P128）の手順で生クリームを泡立て、同様にしぼり袋に入れる。

4. 器に1、2、3、ブラックベリー、2等分に切ったラズベリーをバランスよく盛り、ミントをのせる。

# 僕が考えた
# 新しい英国菓子

伝統的な英国菓子について学び、作ってみるうちに
今度はそのエッセンスを自分なりに解釈し、
オリジナルのものを作ってみたいと考えるようになりました。
ここで紹介する2つのお菓子は、そうした思いから生まれた「江口流英国菓子」です。
僕が抱く「英国らしさ」を形にしたトライフルとケーキ、
どうぞ、紅茶と合わせて味わってみてください。

Eguchi's Original

...........................

# エリザベストライフル

## ELIZABETH TRIFLE

女王様の名前を冠したトライフル。
紅茶×チョコレート×ベリーの組み合わせで
「エリザベス」を表現しようと考えて、スポンジとカスタードクリームに紅茶を、
もう1つのクリームにチョコレートを使いました。
いちごは、ソースのほか、生の果実もふんだんに盛りつけています。
仕上げには、食用のばらの花びらを1枚のせて。
スイートな、でも凛とした佇まいのデザートに仕上げました。

## 材料（4人分）

チョコクリーム
　ビターチョコレート（67%、
　　カットされたもの）…… 70g
　生クリーム（35%）…… 200g
　水あめ …… 20g
ココアスポンジ生地
　薄力粉 …… 25g
　ココアパウダー …… 5g
　紅茶粉末 …… 4g
　卵 …… 1個
　グラニュー糖 …… 30g
　牛乳 …… 10g

紅茶カスタードクリーム
　薄力粉 …… 10g
　卵黄 …… 1個分
　グラニュー糖 …… 30g
　牛乳 …… 100g
　紅茶葉 …… 5g
ベリーソース
　いちご …… 70g
　冷凍ラズベリー …… 30g
　グラニュー糖 …… 50g
　レモン果汁 …… 10g
　ローズエッセンス …… 1g
いちご …… 適量
ラズベリー …… 適量
ばらの花びら
　（エディブルフラワー）…… 適量

作り方

1

チェリーとチョコレートのトライフルの作り方1（P124）の手順でチョコクリームを作る。ただし、星口金をつけたしぼり袋に入れる。

2

トライフルの作り方1（P122）の手順でココアスポンジ生地を作る。ただし、薄力粉、ココアパウダー、紅茶粉末は一緒に3回ふるう[A・B・C]。

3

いちじくと洋梨のトライフルの作り方2（P127）の手順で紅茶カスタードクリームを作る。

4

ベリーソースを作る。鍋にへたを除いて粗く刻んだいちご、冷凍ラズベリー、グラニュー糖、レモン果汁を入れて中火にかけ、ゴムベラで混ぜながら煮る。とろみがついたら火を止め、耐熱ボウルに移す。完全に冷めたらローズエッセンスを加えて混ぜる[D]。

5

器に1、2、3、4、へたを除いて2〜4等分に切ったいちごをバランスよく盛る[E・F・G]。へたつきのいちご、ラズベリーをのせ、花びらをのせる。

Eguchi's Original

..........................................

# ロイヤルケーキ

## ROYAL CAKE

ココアスポンジと
コーヒー味のクリームを組み合わせました。
スポンジはロールケーキ用の型を用いて薄く焼き、
間にクリームを挟みながら4枚を重ねます。
いちばん上の面には、
クリームをたっぷりしぼって豪華な雰囲気に。
スポンジとクリームが幾層にも重なる
断面の美しさもこだわりどころです。
「ロイヤル」の名にふさわしく、
クラシカルでエレガントなケーキになりました。

## 材料（6～8人分）

| ココアスポンジ生地 | | コーヒークリーム | |
|---|---|---|---|
| 薄力粉 …… 25g | | インスタントコーヒー …… 15g | |
| ココアパウダー …… 10g | | 湯 …… 45g | |
| 卵 …… 3個 | | 卵黄 …… 3個分 | |
| グラニュー糖 …… 50g | | グラニュー糖 …… 150g | |
| 牛乳 …… 20g | | バター（食塩不使用）…… 180g | |

作り方

1

ココアスポンジ生地を作る。薄力粉とココアパウダーは一緒に3回ふるう。卵は卵黄と卵白に分ける。卵白は大きめのボウルに入れ、グラニュー糖を加えてハンドミキサーで角が立つまで泡立てる。卵黄を加えて[A]ゴムベラで混ぜる。オーブンを190℃に予熱し始める。

2

1のボウルにふるった粉を加えて[B]粉っぽさがなくなるまでよく混ぜ[C]、一部を別のボウルに取り分ける。耐熱容器に牛乳を入れてふんわりとラップをかけ、電子レンジで約10秒加熱し、取り分けた生地のボウルに加えてよく混ぜる。元のボウルに戻してさらに混ぜる。ロールケーキ型（28×28×高さ2cm）にオーブンペーパーを敷き、半量を流し入れる[D]。天板にのせ、180℃のオーブンで15〜20分焼き、型をはずして冷ます。残りも同様に焼き、冷ます。

3

コーヒークリームを作る。インスタントコーヒーを湯で溶かす。耐熱ボウルに卵黄とグラニュー糖を入れて泡立て器ですり混ぜ、溶いたコーヒーを加えて混ぜる。湯せんで加熱しながらハンドミキサーで混ぜる [E]。別のボウルにやわらかくしたバターを入れて泡立て器で混ぜ、コーヒー液を少しずつ加えながら混ぜ [F・G]、冷蔵室で冷やす。約40gを取り置き、星口金をつけたしぼり袋に入れる。

4

2の1枚に型（10×21×高さ5cm。底なし）をのせ、型に沿ってナイフで2枚切る [H]。もう1枚も同様に切る。最後に切ったスポンジ（型に入った状態）に3を約1/6量しぼり [I]、スポンジを1枚のせる。表面をカードなどで軽く押さえて平らにする [J]。これをあと2回繰り返す。側面にナイフを入れて型をはずす。残った生地はざるに通してクラムにし [K]、側面に、3で取り置いたコーヒークリームを塗ってからつける [L・M]。上面にしぼり袋の残りをしぼる [N]。

# 江口和明

**えぐちかずあき** パティシエ・ショコラティエ。製菓専門学校を卒業後、「渋谷フランセ」を経て、東京、神戸の高級チョコレート専門店にて研鑽を積む。ベルギーの老舗ショコラトリー「デルレイ」本店で研修後、他業種の商品開発を経験。26歳のときにサーヴィスと経営を学ぶべく、株式会社グローバルダイニングへ。「デカダンス ドュ ショコラ」等、ペイストリー部門を統括。2013年にデリーモブランドを立ち上げ、東京を中心に8店舗を運営。2023年には東インド会社のシェフパティシエに就任。著書やSNSでもお菓子の魅力を広めている。

YouTube youtube.com/@KAZUCHOCOLATE
Instagram @eguchikazuaki
X @EguchiKazuaki

# 江口和明の英国菓子

2025年4月16日 初版発行

著者 江口和明
発行者 山下直久
発行 株式会社KADOKAWA
〒102-8177 東京都千代田区富士見2-13-3
TEL：0570-002-301（ナビダイヤル）

印刷所 TOPPANクロレ株式会社
製本所 TOPPANクロレ株式会社

本書の無断複製（コピー、スキャン、デジタル化等）並びに
無断複製物の譲渡および配信は、著作権法上での例外を除き禁じられています。
また、本書を代行業者等の第三者に依頼して複製する行為は、
たとえ個人や家庭内での利用であっても一切認められておりません。

● お問い合わせ
https://www.kadokawa.co.jp/（「お問い合わせ」へお進みください）
※内容によっては、お答えできない場合があります。
※サポートは日本国内のみとさせていただきます。
※ Japanese text only

定価はカバーに表示してあります。

©Kazuaki Eguchi 2025 Printed in Japan
ISBN 978-4-04-897815-6 C0077